Cocine con

OLLA

HIERRO Y DE BARRO

Recetario Clásico

imaginador

Mauro B. Terciano
    Cocine con ollas de hierro y de barro. - 1ª. ed.- Buenos
    Aires: Grupo Imaginador de Ediciones, 2006.
    64 p.; 20x14 cm.

    ISBN 950-768-549-9

    1. Cocina. 2. Ollas de Hierro y de Barro I. Título
    CDD 641.58

Primera edición: abril de 2006

I.S.B.N.-10: 950-768-549-9
I.S.B.N.-13: 978-950-768-549-1

Se ha hecho el depósito que establece la Ley 11.723
© GIDESA, 2006
Bartolomé Mitre 3749 – Ciudad Autónoma de Buenos Aires
República Argentina
Impreso en Argentina – Printed in Argentina

Se terminó de imprimir en Mundo Gráfico S.R.L., Zeballos 885,
Avellaneda, en abril de 2006 con una tirada de 2.000 ejemplares.

Acerca de las ollas de hierro y de barro

Excelentes aliadas de la cocina para preparar guisos, sopas, carnes y postres, las ollas de hierro y de barro han cobrado nuevo protagonismo en los últimos tiempos.

Sucede que los nobles materiales con que están construidas hacen que alcancen muy altas temperaturas y las conserven por más tiempo que los recipientes convencionales de acero inoxidable o aluminio.

Si usted ya tiene su olla y ya la ha utilizado para cocinar, sabrá de qué le hablo; pero si es de los que acaba de integrarse a esta nueva tendencia culinaria y está por comprar o acaba de comprar una olla, a continuación le brindo la técnica de curado correspondiente a cada una, un procedimiento ineludible antes de comenzar a utilizarlas.

Para curar una olla de hierro, entonces, haga lo siguiente:

1 LLEVE LA OLLA A FUEGO FUERTE.

2 CUANDO EL HIERRO ESTÉ BIEN CALIENTE, RETIRE LA OLLA DEL FUEGO Y CON MUCHO CUIDADO DE NO QUEMARSE PINTE TODA LA SUPERFICIE INTERNA CON ACEITE DE MAÍZ O GIRASOL. LLEVE LA OLLA NUEVAMENTE AL FUEGO.

3 CUANDO EL ACEITE COMIENCE A HUMEAR, RETIRE LA OLLA Y VUELVA A PINCELARLA. REPITA LA OPERACIÓN TRES O CUATRO VECES.

Para curar la olla de barro, el procedimiento es el siguiente:

1 LLEVE LA OLLA DESTAPADA A FUEGO FUERTE.

2 CUANDO ESTÉ BIEN CALIENTE, LLÉNELA CON AGUA HIRVIENTE. CUANDO VUELVA A ROMPER EL HERVOR, RETIRE LA OLLA DEL FUEGO.

3 DEJE ENFRIAR EL AGUA DENTRO DE LA OLLA, Y LUEGO VACÍELA.

4 COCINE EN LA OLLA, CON ABUNDANTE AGUA, ALGUNAS PAPAS CORTADAS EN TROZOS O UN PAR DE PUÑADOS DE ARROZ. LA IDEA ES QUE EL ALMIDÓN QUE CONTIENEN ESTOS DOS INGREDIENTES SELLE LAS POROSIDADES QUE PUDIERA TENER LA OLLA.

Tanto las ollas de hierro como las de barro no necesitan cuidados especiales. Solamente en el caso de las de hierro deberá tener en cuenta dos precauciones básicas: secarlas muy bien luego de usarlas, para que no se oxiden, y pasar por toda la superficie interna papel de cocina con un poco de aceite, antes de guardarlas.

ARROCES

a la olla

Risotto clásico

INGREDIENTES

3 TAZAS DE ARROZ ARBÓREO
1 KG DE ARVEJAS FRESCAS
100 G DE JAMÓN CRUDO CORTADO GRUESO
2 CEBOLLAS
2 CUCHARADAS DE PEREJIL PICADO
CANTIDAD NECESARIA DE CALDO DE AVE (APROXIMADAMENTE,
2 LITROS)
50 G DE QUESO RALLADO
100 G DE MANTECA
SAL Y PIMIENTA NEGRA

PREPARACIÓN

• Picar las cebollas finamente y hacer lo mismo con el jamón. Reservar.
• Fundir en la olla de barro las dos terceras partes de la manteca y rehogar allí, de una vez, la cebolla, el jamón y las arvejas. Salpimentar y cocinar hasta que la cebolla esté apenas dorada.
• Incorporar caldo para cubrir el rehogado y seguir cocinando hasta que las arvejas estén tiernas (según la potencia del fuego, de cinco a siete minutos).
• En ese momento, incorporar el arroz en forma de lluvia y luego más caldo, para cubrir la preparación.
• Cocinar a fuego moderado revolviendo con cuchara de madera. Incorporar caldo para evitar que se pegue el arroz y terminar la cocción cuando el cereal esté a punto.
• Incorporar el resto de la manteca, el queso rallado, revolver y servir bien caliente, espolvoreado con el perejil.

Jardinera

INGREDIENTES

2 TAZAS DE ARROZ DE GRANO LARGO
3 TAZAS DE CALDO DE VEGETALES
250 G DE ARVEJAS FRESCAS
2 CHOCLOS
2 ZANAHORIAS
1 CEBOLLA
1 AJÍ MORRÓN
3 DIENTES DE AJO
100 G DE PANCETA
2 CUCHARADAS DE PEREJIL PICADO
ACEITE, CANTIDAD NECESARIA
SAL

PREPARACIÓN

• Comenzar preparando las hortalizas: picar la cebolla y los dientes de ajo; cortar en daditos pequeños las zanahorias y el ají morrón; y desgranar los choclos.

• Cortar la panceta en daditos pequeños y llevar a fuego fuerte el caldo, en una cacerola pequeña, hasta que hierva.

• Calentar un chorro generoso de aceite en la olla de hierro y dorar allí la cebolla, la panceta y el ajo.

• Cuando la cebolla comience a ponerse transparente, incorporar la zanahoria, el ají, las arvejas y los granos de choclo. Salar y revolver con cuchara de madera.

• Cocinar unos minutos y luego incorporar el arroz en forma de lluvia.

• Seguir cocinando unos instantes más para que el arroz se impregne de los sabores de las hortalizas y verter el caldo hirviendo.

• Revolver apenas y cocinar a fuego mínimo hasta que el arroz esté a punto. De ser necesario, incorporar más caldo.

• Servir espolvoreado con el perejil.

Cazuela de arroz y pollo

INGREDIENTES

1 PECHUGA DE POLLO, SIN PIEL
CALDO DE AVE, CANTIDAD NECESARIA
1 CEBOLLA
1 AJÍ VERDE
1 AJÍ MORRÓN
250 G DE ARROZ DE GRANO LARGO
50 G DE MANTECA
2 DIENTES DE AJO
1 HOJA DE LAUREL
1 VASO DE VINO BLANCO SECO
SAL Y PIMIENTA NEGRA

PREPARACIÓN

• Cocinar la pechuga, entera, en una cacerola con el caldo.

• Retirarla y picarla en forma gruesa. Salpimentar y reservar.

• Picar los dientes de ajo finamente y rehogarlos en la olla de barro, con la manteca.

• Unos momentos después incorporar el pollo, salpimentar y agregar la hoja de laurel.

• Verter el vino, revolver con cuchara de madera y dejar que se cocine a fuego moderado.

• Mientras tanto, cortar en juliana los ajíes y en pluma, la cebolla. Incorporarlos a la cocción del pollo, revolver y agregar el arroz en forma de lluvia.

• Verter caldo sobre la preparación hasta cubrirla y cocinar hasta que el arroz esté a punto, revolviendo de tanto en tanto. Agregar caldo de ser necesario, para evitar que el arroz se pegue.

Risotto alla milanesa

INGREDIENTES

300 G DE ARROZ ARBÓREO
75 G DE MANTECA
100 G DE QUESO RALLADO
2 HUESOS GRANDES DE CARACÚ (OSSOBUCO)
1 PIZCA DE AZAFRÁN
1 Y 1/2 L DE CALDO DE AVE
1 CEBOLLA
1 VASO DE VINO BLANCO
SAL Y PIMIENTA NEGRA

PREPARACIÓN

- Con un cuchillo de punta, retirar cuidadosamente el tuétano a los huesos, y picarlo finamente.
- Picar finamente la cebolla, y reservar.
- Fundir la mitad de la manteca en la olla de hierro y rehogar allí el tuétano.
- Unos instantes después incorporar la cebolla y seguir cocinando, sin dejar de revolver, hasta que ésta se ponga transparente.
- Agregar el arroz en forma de lluvia y revolver con cuchara de madera unos instantes.
- Luego, comenzar a incorporar el caldo, de a poco y revolviendo sin cesar. La idea es que el arroz vaya absorbiendo el líquido gradualmente y, al mismo tiempo, despidiendo almidón que, al mezclarse con el resto de los ingredientes, le dará al risotto su característica consistencia cremosa.
- A mitad del proceso, incorporar el azafrán, el vino y seguir cocinando y agregando el caldo hasta que el arroz esté al dente.
- Retirar la olla del fuego y agregar el resto de la manteca cortada en trocitos.
- Mezclar y luego agregar el queso rallado. Seguir revolviendo, salpimentar y tapar la olla.
- Dejarla cerca de una fuente de calor para que el arroz termine de absorber líquidos, y servir caliente.

CARNES

a la olla

Alitas picantes

INGREDIENTES

10 ALAS DE POLLO
50 ML DE ACEITE DE OLIVA FUERTE
3 DIENTES DE AJO
AJÍ MOLIDO, ALBAHACA Y COMINO, A GUSTO
1 PIZCA DE MOSTAZA EN POLVO
SAL Y PIMIENTA NEGRA

PREPARACIÓN

• Pelar los dientes de ajo y machacarlos con el canto de una cuchilla.
• Colocarlos en un mortero junto con el ají molido, sal y pimienta a gusto.
• Ir vertiendo el aceite de a poco, mientras se trabajan los ingredientes para obtener una pasta.
• Incorporar la albahaca, la mostaza y el comino, y seguir trabajando en el mortero hasta obtener una preparación homogénea.
• Salpimentar las alas de pollo y disponerlas en una fuente amplia. Pincelarlas de ambos lados con la preparación anterior y dejarlas en maceración, en la heladera, durante una o dos horas.
• Calentar la olla de barro y dorar allí las alas, de ambos lados, hasta que estén cocidas.

Pollo en escabeche

INGREDIENTES

- 6 PRESAS DE POLLO (PECHUGA, MUSLO, PATA)
- 4 DIENTES DE AJO
- 2 CEBOLLAS
- 3 ZANAHORIAS
- 1 Y 1/2 TAZA DE ACEITE DE OLIVA
- 1 TAZA DE VINAGRE DE ALCOHOL
- 4 HOJAS DE LAUREL
- 1 CUCHARADITA DE CLAVOS DE OLOR
- 2 CUCHARADAS DE PIMIENTA NEGRA EN GRANO
- SAL, A GUSTO

PREPARACIÓN

• Cortar las zanahorias y las cebollas en rodajas; picar los dientes de ajo.

• Quitarles la piel a las presas de pollo y disponerlas en la olla de hierro, en frío.

• Cubrirlas con las cebollas y las zanahorias, el ajo picado, las hojas de laurel, los clavos de olor, los granos de pimienta y sal.

• Luego, verter sobre los ingredientes el aceite y el vinagre.

• Llevar la olla a fuego moderado, sin taparla, y cocinar hasta que comience a hervir. En ese momento, tapar la olla y seguir cocinando hasta que la carne del pollo esté cocida.

• Retirar la olla del fuego y dejar que la preparación se enfríe a temperatura ambiente.

• Cortar la carne del pollo en trozos, desechar los huesos y disponer los ingredientes dentro de un frasco con cierre hermético.

• Llevar a la heladera hasta el momento de servir.

Pollo en salsa de hongos y sidra

INGREDIENTES

4 PECHUGAS DE POLLO, SIN PIEL
1 CUCHARADA DE MOSTAZA
1 CEBOLLA
100 G DE PANCETA AHUMADA
3 CUCHARADAS DE ACEITE DE MAÍZ
50 G DE HONGOS SECOS
1/2 L DE SIDRA
25 G DE MANTECA
2 CUCHARADAS DE HARINA DE TRIGO
400 G DE CREMA DE LECHE
1 CEBOLLA DE VERDEO
SAL Y PIMIENTA NEGRA

PREPARACIÓN

- Untar las pechugas con la mostaza, y reservar.
- Poner a remojar los hongos en un bol con la mitad de la sidra, durante una hora. Luego, escurrirlos (reservar la sidra) y picarlos.
- Mientras tanto, preparar los demás ingredientes: picar muy finamente la cebolla, o procesarla; y picar finamente la panceta y la cebolla de verdeo.
- Llevar la olla de hierro al fuego con la mitad de la manteca y el aceite. Disponer las pechugas y dorarlas de ambos lados. Retirarlas y reservar.
- Incorporar a la olla la cebolla y rehogarla.
- Luego, agregar la panceta, revolver y cocinar unos instantes.
- Añadir los hongos picados y la cebolla de verdeo. Salpimentar y cocinar un poco más, a fuego mínimo.
- Incorporar la totalidad de la sidra, las pechugas reservadas, revolver, tapar la olla y cocinar durante quince o veinte minutos.
- En un bol, mezclar la harina con la manteca restante e incorporar la pasta obtenida a la cocción. Revolver con cuchara de madera, hasta que la salsa espese, y luego cocinar a fuego mínimo durante unos diez minutos.
- Transcurrido este lapso, verter la crema de leche, revolver y continuar cocinando, ahora a fuego moderado, hasta que el líquido hierva. Tapar la olla y cocinar unos diez minutos más. Servir bien caliente.

Pechugas rápidas con champiñones

INGREDIENTES

4 PECHUGAS DE POLLO
200 G DE CHAMPIÑONES
3 CUCHARADAS DE ACEITE DE MAÍZ O GIRASOL
1/2 TAZA DE VINO BLANCO SECO
1 TAZA DE CALDO DE CARNE
1 CUCHARADA DE PEREJIL PICADO
SAL Y PIMIENTA NEGRA

PREPARACIÓN

• Limpiar los champiñones con un paño limpio y seco y cortarlos en láminas.

• Calentar el aceite en la olla de hierro y disponer las pechugas, previamente salpimentadas. Dorarlas de ambos lados, a fuego fuerte.

• Verter sobre las pechugas el vino, bajar el fuego a moderado y cocinar hasta que se evapore el alcohol.

• Retirar las pechugas y reservarlas.

• Rehogar los champiñones en la olla durante dos o tres minutos y luego volver a colocar las pechugas para que se terminen de cocinar.

• Incorporar caldo de a poco, para evitar que se reduzca del todo el fondo de cocción y seguir cocinando hasta que el pollo esté cocido.

• Servir las pechugas salseadas y espolvoreadas con perejil picado.

Bondiola de cerdo con cebollitas glaseadas

INGREDIENTES

1 KG DE BONDIOLA DE CERDO
3 CUCHARADAS DE MOSTAZA
4 DIENTES DE AJO
1 CEBOLLA
2 CUCHARADAS DE SALSA DE SOJA
1 VASO DE VINO BLANCO SECO
1 TAZA DE ACEITE DE MAÍZ O GIRASOL
1 CUCHARADA DE TOMILLO FRESCO
PIMIENTA NEGRA EN GRANO
SAL Y PIMIENTA NEGRA

CEBOLLITAS GLASEADAS
10 Ó 12 CEBOLLAS MINI
1 TAZA DE AGUA
2 CUCHARADAS DE AZÚCAR
2 CUCHARADAS DE MANTECA

PREPARACIÓN

• Cortar la bondiola en bifes de 3 cm de grosor.
• Disponer los bifes en una fuente, sin encimarlos, salpimentarlos y distribuir por encima granos de pimienta y el tomillo.
• Verter por encima el aceite y reservar en la heladera durante cuatro a seis horas, para que la carne se macere.
• Transcurrido este lapso, retirar la carne. Pelar la cebolla y cortarla en juliana fina.
• Calentar el jugo de la marinada en la olla de hierro y rehogar la cebolla.
• Cuando esté transparente, cocinar allí los bifes de bondiola, sellándolos de ambos lados.
• Picar los dientes de ajo finamente y mezclarlos en un bol con la mostaza, la salsa de soja y el vino.
• Agregar esta preparación a la cocción de la olla y seguir cocinando hasta que los bifes estén en el punto deseado.

CEBOLLITAS GLASEADAS

• Pelar las cebollas y disponerlas en una sartén antiadherente, sin que se encimen.
• Incorporar el agua, la manteca y el azúcar, y cocinar a fuego moderado hasta que se caramelicen.
• Servirlas como guarnición de los bifes.

Carbonada

INGREDIENTES

1 KG DE CARNE DE TERNERA, EN UN TROZO

250 G DE ZAPALLO

2 PAPAS

1 CEBOLLA

4 HOJAS DE LAUREL

2 CHOCLOS

150 G DE MANTECA

400 G DE ARROZ

1 LATA DE ARVEJAS

1 TAZA DE ACEITE DE GIRASOL O MAÍZ

2 LATAS DE TOMATES AL NATURAL

3 HOJAS DE LAUREL

1 L DE CALDO DE VERDURAS

1 LATA DE DURAZNOS AL NATURAL

SAL Y PIMIENTA NEGRA

PREPARACIÓN

• Picar la cebolla, cortar la carne en dados, picar los tomates.
• Cortar el zapallo y las papas en cubos pequeños. Desgranar los choclos, y cortar los duraznos en cuartos.
• Calentar el aceite en la olla de hierro y rehogar la cebolla.
• Incorporar la carne y sellarla, siempre a fuego fuerte.
• Luego, agregar los tomates con su jugo, las hojas de laurel y salpimentar.
• Bajar el fuego a moderado y dejar que la preparación hierva durante diez minutos.
• Transcurrido este lapso, agregar la manteca, el arroz, el zapallo, las papas, el caldo y los granos de choclo. Revolver y tapar la olla, y dejar que se cocine durante quince o veinte minutos.
• Agregar los duraznos y las arvejas, volver a tapar y dejar que se cocine hasta que la papa y el zapallo se hayan desintegrado.

Lomo con salsa de manzana

INGREDIENTES

1 KG DE LOMO
ACEITE
SAL Y PIMIENTA NEGRA

SALSA DE MANZANA
2 MANZANAS GRANNY SMITH
1 VASO DE VINO BLANCO SECO
JUGO DE 1/2 LIMÓN
SAL Y PIMIENTA NEGRA

PREPARACIÓN

• Calentar un chorro generoso de aceite en la olla de barro.

• Salpimentar el lomo y sellarlo en toda su superficie, a fuego fuerte.

• Bajar el fuego a moderado, tapar la olla y seguir cocinando el lomo unos treinta minutos, o hasta que la carne esté en el punto deseado. De ser necesario, incorporar agua caliente para evitar que se queme.

• Cuando el lomo esté cocido, retirarlo y reservarlo cerca de una fuente de calor.

• Para realizar la salsa, pelar las manzanas, retirarles el centro y cortarlas en cuartos y luego en láminas delgadas.

• Distribuir las láminas en la olla de barro donde se cocinó la carne, verter por encima el vino y cocinar a fuego moderado unos quince minutos.

• Incorporar el jugo de limón y salpimentar. Cocinar unos minutos más, con la olla destapada, hasta que las manzanas se deshagan.

• Retirar y licuar para obtener una salsa homogénea.

• Calentar el lomo y servirlo cortado en rodajas y salseado.

Guiso criollo

INGREDIENTES

- 1 KG DE CARNE VACUNA, SIN HUESO
- 1 CEBOLLA
- 2 ZANAHORIAS
- 1 BATATA
- 2 TOMATES
- 1 LATA DE CHOCLO AMARILLO EN GRANOS
- 2 Ó 3 CUCHARADAS DE ACEITE
- 2 PAPAS
- 1 MANZANA
- 1 PERA
- CALDO DE VERDURAS O AGUA, CANTIDAD NECESARIA
- SAL Y PIMIENTA BLANCA

PREPARACIÓN

• Pelar la cebolla, las zanahorias, las papas y la batata. Lavar los tomates y desechar los cabitos.

• Cortar en cubos todos estos ingredientes excepto la cebolla, que se cortará en octavos.

• Cortar la carne en cubos, salpimentarlos y dorarlos en la olla de hierro, en la que se habrá calentado el aceite.

• Cuando los cubos estén sellados, incorporar las verduras y el choclo en granos.

• Tapar la olla y cocinar a fuego medio durante treinta minutos incorporando caldo cada tanto para conservar el medio líquido.

• Pelar la manzana y la pera y desechar los centros. Cortarlas en cubos.

• Incorporar a la cocción de la carne y las verduras, revolver con cuidado y cocinar cinco minutos. Agregar un poco de caldo, de ser necesario.

• Cuando las papas y batatas estén tiernas, retirar del fuego y servir.

Lomo a la pimienta

INGREDIENTES

1/2 KG DE LOMO

50 G DE MANTECA

1 CHORRO DE ACEITE DE MAÍZ O GIRASOL

1 PUÑADO DE GRANOS DE PIMIENTA NEGRA

1 POCILLO DE WHISKY

SAL, A GUSTO

100 G DE CREMA DE LECHE

PREPARACIÓN

• Cortar el lomo en medallones de 3 cm de grosor.

• Machacar apenas los granos de pimienta en un mortero, para que se rompan.

• Salar los medallones y empanizarlos con los granos de pimienta.

• Fundir la manteca en la olla de hierro junto con el aceite y dorar allí los medallones, de ambos lados.

• Verter el whisky e inclinar la olla para que el alcohol se prenda fuego con el calor de la hornalla.

• Cuando se apague el fuego, retirar los medallones de la olla y verter la crema de leche para que se mezcle con el fondo de cocción.

• Calentar unos instantes y servir los medallones salseados.

PESCADOS Y MARISCOS

a la olla

Pejerrey a la crema

INGREDIENTES

1 KG DE FILETES DE PEJERREY
1/2 L DE LECHE
1/2 L DE CREMA DE LECHE
MANTECA, CANTIDAD NECESARIA
2 DIENTES DE AJO
1 PUÑADO DE HOJAS DE PEREJIL
2 PAPAS
SAL Y PIMIENTA BLANCA

PREPARACIÓN

• Distribuir los filetes de pejerrey sobre una placa, de modo que no queden encimados. Salpimentarlos y espolvorearlos con el ajo y el perejil picados. Reservar en la heladera al menos una hora.
• Pelar las papas y cortarlas en rodajas de 1 cm de grosor. Acomodarlas en el fondo de la olla de barro, previamente enmantecada.
• Disponer sobre la base de papas, los filetes.
• Mezclar en un bol la crema y la leche y salpimentarlas. Verter sobre los filetes de pejerrey.
• Tapar la olla y cocinar a fuego moderado unos treinta minutos. Si se desea, se puede llevar luego la olla destapada a la parrilla del horno para gratinar la cubierta.

Merluza en escabeche

INGREDIENTES

- 2 KG DE MERLUZAS ENTERAS, SIN CABEZA NI COLA
- 1/2 L DE ACEITE
- 1/2 L DE VINAGRE DE ALCOHOL
- 2 LIMONES
- 5 Ó 6 HOJAS DE LAUREL
- 1/2 KG DE ZANAHORIA
- 1/2 KG DE CEBOLLA
- 2 CUCHARADAS DE PIMIENTA NEGRA EN GRANO
- SAL Y PIMIENTA BLANCA

PREPARACIÓN

• Limpiar, descamar y lavar las merluzas, y cortarlas en trozos medianos. Salpimentar.

• Exprimir uno de los limones, salar este jugo, revolver y rociar sobre los trozos de merluza.

• Reservar los trozos de merluza durante unas dos horas para que el ácido del limón blanquee la carne.

• Mientras tanto, cortar las zanahorias en bastones y las cebollas, en cuartos.

• Calentar el aceite en la olla de hierro y freír allí los trozos de merluza, hasta que se doren. Retirarlos y colocarlos sobre papel absorbente, y dejarlos allí hasta que se enfríen.

• Cuando el aceite de la fritura esté casi frío, colocar allí las zanahorias, el vinagre, los granos de pimienta, el laurel, el limón restante cortado en rodajas y los trozos de pescado.

• Cocinar con olla destapada hasta que hierva. En ese momento, tapar la olla y cocinar a fuego moderado durante unos cuarenta minutos, moviendo con cuidado la preparación para evitar que se pegue o se queme.

• Retirar del fuego, dejar enfriar a temperatura ambiente y guardar en frascos de vidrio de cierre hermético.

Calamares en salsa verde

INGREDIENTES

- 3/4 KG DE CALAMARES
- 3 DJENTES DE AJO
- 1 PUÑADO DE HOJAS DE PEREJIL
- 1 CEBOLLA
- 2 CUCHARADAS DE VINAGRE DE MANZANA
- 1 CUCHARADITA DE FÉCULA DE MAÍZ
- 1/2 TAZA DE ACEITE DE OLIVA
- SAL Y PIMIENTA NEGRA

PREPARACIÓN

• Limpiar los calamares retirando las cabezas, la espina, la piel, la bolsa de tinta y las aletas.
• Lavarlos bajo el chorro de agua fría y secarlos con un paño. Cortarlos en rodajas y trocear los tentáculos. Reservar.
• Pelar y picar finamente la cebolla. Picar también finamente el ajo y el perejil.
• Calentar el aceite en la olla de barro y rehogar la cebolla. Cuando comience a dorarse, incorporar los anillos de calamar y los tentáculos, salpimentar, revolver y cocinar unos cinco minutos.
• Mientras tanto, diluir la fécula de maíz en un pocillo de agua y mezclarla, en un bol, con el ajo y el perejil picados.
• Incorporar el vinagre, revolver un poco más y agregar esta mezcla en la olla de barro.
• Revolver bien, tapar la olla y cocinar unos treinta minutos a fuego mínimo, o hasta que los calamares estén tiernos. Servir bien caliente.

Mejillones azafranados

INGREDIENTES

- 1 KG DE MEJILLONES
- 2 PUERROS
- 1 CEBOLLA
- 4 TOMATES REDONDOS
- 2 DIENTES DE AJO
- 4 CUCHARADAS DE ACEITE DE OLIVA
- 1 CÁPSULA DE AZAFRÁN
- 1 ZANAHORIA
- 2 HOJAS DE LAUREL
- 1 PUÑADO DE PEREJIL
- 1 VASO DE VINO BLANCO SECO
- SAL Y PIMIENTA BLANCA

PREPARACIÓN

• Lavar los mejillones y cocerlos hasta que se abran en una cacerola con agua y sal. Retirarlos de las valvas y reservarlos.

• Cortar en rodajas la zanahoria y picar no muy finamente los dientes de ajo y el perejil.

• Pelar los tomates y cortarlos en cubos; cortar los puerros en rodajas finas.

• Pelar y picar la cebolla.

• Calentar el aceite en la olla de hierro y rehogar las rodajas de zanahoria, el ajo picado, el perejil, el puerro, la cebolla y las hojas de laurel.

• Tres o cuatro minutos después, verter el vino blanco y un litro de agua fría.

• Salpimentar, tapar la olla y dejar que se cocine a fuego moderado unos treinta minutos.

• Transcurrido este lapso, incorporar los mejillones, los cubos de tomate y el azafrán.

• Revolver y cocinar otros veinte minutos, agregando agua de la cocción de los mejillones, de ser necesario.

SOPAS

a la olla

Sopa de calabaza a la crema

INGREDIENTES

1/2 KG DE CALABAZA
1 CEBOLLA
1 L DE AGUA
500 G DE CREMA DE LECHE
25 G DE MANTECA
1 VASO DE VINO BLANCO
SAL Y PIMIENTA

PREPARACIÓN

- Pelar y picar finamente la cebolla.
- Pelar la calabaza y cortarla en cubos pequeños.
- Fundir la manteca en la olla de barro y dorar allí la cebolla y los cubos de calabaza.
- Agregar el vino blanco y el agua, y cocinar con la olla tapada, a fuego moderado, hasta que la calabaza esté tierna.
- Retirar del fuego y colar, reservando el caldo.
- Procesar la calabaza y la cebolla y volver a reunir todo en la olla.
- Llevar a fuego moderado, verter la crema de leche, salpimentar y revolver.
- Cocinar diez minutos más y servir bien caliente.

Sopa suculenta de pescado

INGREDIENTES

1 LENGUADO O 1 SARDINA ENTEROS,
DE APROXIMADAMENTE 1 KG
100 G DE CALAMARES
2 DIENTES DE AJO
250 G DE TOMATES REDONDOS
2 CUCHARADAS DE PEREJIL PICADO
1 VASO DE VINO BLANCO SECO
1 POCILLO DE ACEITE DE OLIVA
1 CEBOLLA
1/2 CÁPSULA DE AZAFRÁN
SAL Y PIMIENTA BLANCA

PREPARACIÓN

• Retirarle la cabeza al pescado y colocarla en una cacerola con un diente de ajo pelado y machacado, 1 tomate pelado y cortado en cuartos, 1 cucharadita de perejil picado y un chorrito del vino blanco.

• Agregar 1 litro de agua, sal y llevar al fuego.

• Cocinar durante treinta minutos, aproximadamente, a fuego fuerte, y luego colar para reservar el caldo.

• Limpiar los calamares retirando las cabezas, la espina, la piel, la bolsa de tinta y las aletas.

• Lavarlos bajo el chorro de agua fría y secarlos. Cortarlos en rodajas y trocear los tentáculos.

• Limpiar y descamar el pescado elegido y cortarlo en trozos no muy grandes.

• Picar el diente de ajo restante y pelar y cortar en cubos los tomates. Pelar y picar la cebolla.

• Calentar el aceite en la olla de hierro y rehogar la cebolla hasta que se ponga transparente. En ese momento, incorporar el ajo picado y el perejil restante. Revolver y seguir cocinando. Incorporar los cubos de tomate y continuar cocinando unos minutos más.

• Verter el vino restante y cocinar hasta que el vino hierva. En ese momento, incorporar el caldo, sal, pimienta y azafrán.

• Cocinar hasta que el caldo hierva a fuego fuerte. Luego, bajar el fuego a moderado y seguir cocinando unos quince minutos más. Agregar los calamares y los trozos de pescado y cocinar veinte minutos.

• Servir bien caliente.

Sopa de tomate mediterránea

INGREDIENTES

1 KG DE TOMATES REDONDOS
1 L DE AGUA
2 DIENTES DE AJO
1 CEBOLLA MEDIANA
1 ZANAHORIA PEQUEÑA
6 CUCHARADAS DE ACEITE DE OLIVA
1 CUCHARADITA DE AZÚCAR
1 CUCHARADA DE ALBAHACA FRESCA PICADA
SAL Y PIMIENTA

PREPARACIÓN

• Pelar los tomates, retirarles las semillas y picarlos.
• Picar los dientes de ajo y la cebolla. Pelar y cortar en cubos muy pequeños la zanahoria.
• Calentar el aceite en la olla de hierro y rehogar allí los cubos de zanahoria, el ajo y la cebolla.
• Unos minutos después, incorporar los tomates picados, revolver y cocinar unos cinco minutos, a fuego moderado.
• Agregar el azúcar y, cuando el tomate esté cocido, verter el agua, la albahaca y sal y pimienta a gusto.
• Seguir cocinando entre quince y veinte minutos a fuego moderado; retirar, licuar y servir.

Sopa de invierno

INGREDIENTES

4 NIDOS DE FIDEOS CABELLOS DE ÁNGEL
100 G DE MIGA DE PAN BLANCO
50 G DE QUESO PARMESANO RALLADO
25 G DE QUESO PARMESANO CORTADO EN VIRUTAS
2 L DE CALDO DE VERDURA
SAL Y PIMIENTA BLANCA

PREPARACIÓN

• Desmenuzar muy bien la miga de pan y mezclarla con el queso rallado. Reservar.
• Calentar el caldo en la olla de hierro, y reservar una taza.
• Verter esta taza de caldo en el recipiente donde se ha reservado la miga y el queso y formar una pasta.
• Cuando el resto del caldo hierva, echar los fideos y cocinar sin dejar de revolver hasta que estén cocidos.
• Apagar el fuego, incorporar la pasta de pan y queso y mezclar con cuchara de madera hasta obtener una crema homogénea.
• Salpimentar, revolver y servir con las virutas de queso.

Sopa crema de champiñones

INGREDIENTES

200 G DE CHAMPIÑONES
100 G DE MANTECA
1 CEBOLLA
2 CUCHARADAS DE HARINA
1 L DE CALDO DE AVE
1 PIZCA DE NUEZ MOSCADA
SAL Y PIMIENTA BLANCA

PREPARACIÓN

• Limpiar los champiñones, quitarles el tronco y cortarlos en láminas gruesas. Reservar.
• Picar finamente la cebolla y rehogarla en la mitad de la manteca, en olla de hierro, junto con las láminas de champiñones.
• Cuando la cebolla comience a dorarse, añadir la harina, el caldo, el resto de la manteca y cocinar a fuego lento.
• Cuando comience a espesar, verter el caldo, revolver con cuidado y cocinar unos momentos más.
• Sazonar con sal, pimienta y nuez moscada, revolver y servir.

POSTRES

a la olla

Calabaza en jarabe de coco

INGREDIENTES

1/2 KG DE CALABAZA
100 G DE AZÚCAR
1/2 L DE LECHE DE COCO
1 PIZCA DE SAL

PREPARACIÓN

• Pelar la calabaza y cortarla en rodajas de 2 cm de grosor.
• Llevar a hervir abundante agua y cocinar allí las rodajas, hasta que estén apenas blandas. Retirar y reservar.
• Colocar el azúcar en la olla de barro y llevar a fuego moderado, sin revolver, hasta que comience a burbujear.
• En ese momento, incorporar de manera gradual la leche de coco, sin dejar de revolver con cuchara de madera. Agregar la pizca de sal y cocinar unos dos o tres minutos.
• Cuando se haya formado un almíbar homogéneo, colocar en la olla, con cuidado, las rodajas de calabaza, bajar el fuego a mínimo y cocinar cinco minutos más. Servir caliente.

Peras especiadas

INGREDIENTES

4 PERAS
1 LIMÓN
100 G DE MIEL DE ABEJAS
1 TAZA DE AGUA
1 CLAVO DE OLOR
1 RAMA DE CANELA
1 PIZCA DE AZAFRÁN
3 Ó 4 ALMENDRAS PELADAS Y PICADAS

PREPARACIÓN

• Pelar las peras y disponerlas en la olla de barro, paradas, una junto a la otra.

• Rallar la cáscara del limón y reservar. Exprimir su jugo y rociar con él las peras.

• Mezclar el resto de los ingredientes en un bol y llevarlos a hervor en una cacerola pequeña, hasta obtener un almíbar ligero.

• Verter el almíbar sobre las peras y llevar a fuego moderado. Cocinar entre quince y veinte minutos con la olla destapada. Retirar la rama de canela y el clavo de olor. Retirar las peras y seguir cocinando el almíbar cinco minutos más, para que reduzca.

• Volver a disponer las peras, calentar unos instantes, retirar del fuego y dejar que se enfríe.

Natillas catalanas

INGREDIENTES

6 YEMAS DE HUEVO
200 G DE AZÚCAR
1 L DE LECHE
20 G DE FÉCULA DE MAÍZ
1 RAMA DE CANELA
1 CUCHARADA DE AZÚCAR IMPALPABLE
1 CUCHARADA DE CANELA EN POLVO

PREPARACIÓN

• Reservar un pocillo de leche y colocar el resto en la olla de barro, junto con la rama de canela. Llevar a fuego fuerte.

• Mientras tanto, mezclar el azúcar con la fécula de maíz e incorporar las yemas de huevo y la leche reservada. Batir para evitar la formación de grumos.

• Cuando la leche hierva, retirar la olla del fuego, sacar la rama de canela y agregar el batido de yemas.

• Llevar nuevamente a fuego moderado y revolver con cuchara de madera.

• Las natillas estarán listas cuando, al retirar la cuchara de madera y pasar un dedo por la superficie embebida en la preparación, se forme un surco definido. Retirar la olla del fuego y dejar enfriar.

• Servir en una fuente espolvoreadas con azúcar y canela en polvo.

Glosario de términos

Aceite de oliva: Óleo proveniente del árbol de frutos en drupa ovoide, verde, con el hueso grande y duro, sabrosos como comestible y de los cuales se extrae el aceite.

Ají morrón: Ají, chile, chili, chiltoma, locolo, peperoncino, pimiento. También denominado pimiento morrón. Pimiento que se diferencia en ser más grueso que el de las otras variedades y es el más dulce de todos.

Ajo: Planta de la familia de las liliáceas. El bulbo es redondo y de olor fuerte y se usa frecuentemente como condimento.

Albahaca: Alábega, alfabega, alfavaca, basílico, hierba de vaquero.

Arroz arbóreo: Arroz blanco de grano corto y redondo, recomendado para preparar el risotto.

Arvejas: Alverja, guisante, chícharo. Fruto en vaina de la arvejera.

Azafrán: Brin, croco, zafrón. Estigmas de esta planta y polvo rojo preparado con ellos que se torna amarillo al cocerse.

Azúcar impalpable: Azúcar en polvo, azúcar flor, azúcar glaseada, azúcar glass, azúcar pulverizado, lustre. Azúcar muy molida y cernida.

Batata: Voz haitiana. Camote, bonito, moñato, buniato, moniato, papa dulce.

Bondiola de cerdo: Corte de carne del cogote del cerdo muy grasa.

Calabaza: Zapallo, bulé, cachampa, liza, abóbora, auyama, ayote, chayote, pipiane, güicoy. Fruto de la calabacera muy variado en cuanto a tamaño, forma y color, y con multitud de semillas. Planta de calabazas.

Calamar: Chipirón, lula, jibión. Molusco comestible de concha interna, con cuerpo fusiforme y dotado de un par de aletas caudales triangulares y diez brazos tentaculares provistos de ventosas.

Canela: Corteza de varias plantas aromáticas, especialmente del canelo. Condimento en rama o en polvo para aromatizar dulces.

Carbonada: Carne cocida picada y asada en las ascuas o a la parrilla.

Carne de ternera: Parte comestible de ternera constituida por los músculos.

Cebolla de verdeo: Cebolla china, cebolleta, cebolla en rama, cebolla junca, cebollita de Cambray, cebolla de almácigo.

Cebolla mini: También conocida como cebolla baby, es de tamaño pequeño.

Clavo de olor: Clavete. Especia proveniente de Indonesia usada como aromatizador, capullo seco de la flor del clavero.

Comino: Kümmel. Cuminum cynimum de las umbelíferas que comprende unas 2.500 especies.

Crema de leche: Nata. Sustancia grasa de la leche. Pasta semilíquida de verduras o legumbres trituradas y pasadas por un colador fino.

Champiñón: Callampa, seta, hongo. En la Argentina se refiere a una de las variedades de setas/hongos, no al término general.

Choclo: Chilote, elote, jojoto, jojoto, marlo, mazorca de maíz, panocha, panoja.

Escabeche: Adobo o salsa de vinagre, aceite, laurel y otras especias para la conservación y saborización de pescados, aves y otros manjares.

Fécula de maíz: Almidón de maíz, maicena.

Filetes de pejerrey: Filet, bistec, solomillo. Pequeña lonja cortada paralelamente a la espina dorsal, sin raspas y desespinada.

Guiso: Manjar guisado.

Harina de trigo: Se obtiene del albumen del grano de trigo y se compone de agua, gluten, almidón, grasas y glucosa. Se emplea en la fabricación del pan.

Laurel: Dafne. Planta cuyas hojas coriáceas se utilizan como aromatizante muy común en los platos populares como la salsa de estofado.

Lenguado: Pescado de mar chato, casi plano, de boca lateral y ojos a un mismo lado del cuerpo, de carne sumamente apreciada.

Limón: Cintrón. Fruto del limonero, ovoide, de color amarillo pálido y de sabor ácido.

Manteca: Mantequilla, producto que se obtiene de la leche de vaca, batiéndola hasta que tome consistencia grasa y color amarillento.

Manzana Granny Smith: Proveniente de Australia. Tiene la piel verde intenso con algunos puntitos blancos.

Mejillón: Cholga, chorito, choro.

Merluza: Pescada. Pescado marino comestible, de carne sabrosa muy apreciada, abundante en el mar argentino. Se pesca activamente en todos los mares.

Miel de abejas: Sustancia viscosa, amarillenta y muy dulce que producen las abejas.

Mostaza en polvo: Jenable, mostazo, jenabe. Salsa o condimento hecho con harina de las semillas de la planta y que enriquece el sabor de ciertos alimentos.

Natillas: Dulce de huevo, leche, azúcar y algo de harina, que se cuece hasta que toma consistencia y se aromatiza con vainilla o limón.

Nuez moscada: Macis. Fruto de la mirística, de forma ovoide, con una almendra interior que se usa como condimento y con la que se aromatiza, por lo general, el puré de papas.

Ossobuco: Jarrete, lagarto, morcillo, zancarrón. Corte vacuno (médula o tuétano) situado en la parte alta de las extremidades. De consistencia gelatinosa en su interior (llamada en Argentina caracú). El corte completo, con hueso, es muy utilizado para estofar y guisar.

Panceta: Bacon, cuito, larda de tocino, lardo, tocineta, tocino.

Papa: Patata.

Pechuga de pollo: Pecho de ave.

Pera: Fruto comestible del peral, de forma cónica y dulce.

Perejil: Parsley. Hierba muy perfumada, de agradable sabor y color verde.

Pimienta negra: La que conserva la película o corteza.

Puerro: Ajo porro, porro, porra, porrón. Planta hortense de hojas planas, largas y estrechas que se come cocida.

Risotto: Arroz cocido con azafrán.

Salsa de soja: Salsa de soya, sillao.

Sardina: Pez marino similar al arenque que puede utilizarse fresco o en conserva.

Sidra: Bebida alcohólica que se obtiene de la fermentación del jugo de la manzana.

Tomates redondos: Tipo de tomate que se emplea para ensaladas.

Tomillo: Chascudo, satureja.

Vinagre de alcohol: Vinagre obtenido por la fermentación acética de alcohol destilado.

Vinagre de manzana: Se obtiene a partir de la fermentación de la manzana. Posee menos contenido de ácido ascético que el vinagre de vino y que el de alcohol.

Whisky: Aguardiente antiquísimo de origen inglés que se obtiene por la fermentación de una papilla de granos de cereales, centeno, cebada, trigo, maíz, parcialmente malteados.

Zanahorias: Azanoria, cenoura.

Zapallo: Abóbora, auyama, ayote, calabaza, chayote, güicoy, pipiane, uyama.

OPERACIONES PARA OBTENER CORRESPONDENCIAS

Onzas a gramos ——▶ multiplicar la cantidad expresada en onzas por 28,3 para obtener la correspondencia en gramos.

Gramos a onzas ——▶ multiplicar la cantidad expresada en gramos por 0,0353 para obtener la correspondencia en onzas.

Libras a gramos ——▶ multiplicar la cantidad expresada en libras por 453,59 para obtener la correspondencia en gramos.

Libras a kilogramos ——▶ multiplicar la cantidad expresada en libras por 0,45 para obtener la correspondencia en kilogramos.

Onzas a mililitros ——▶ multiplicar la cantidad expresada en onzas por 30 para obtener la correspondencia en mililitros.

Tazas a litros ——▶ multiplicar la cantidad expresada en tazas por 0,24 para obtener la correspondencia en litros.

Pulgadas a centímetros ——▶ multiplicar la cantidad expresada en pulgadas por 2,54 para obtener la correspondencia en centímetros.

Centímetros a pulgadas ——▶ multiplicar la cantidad expresada en centímetros por 0,39 para obtener la correspondencia en pulgadas.

Índice

POSTRES A LA OLLA